Indépendance immédiate:

Quand Mbida s'opposait à Um Nyobè

1968 # 1956

Enoh Meyomesse

Indépendance immédiate:
Quand Mbida s'opposait à Um Nyobè

1968 # 1956

EdkBOOKS

© EdkBOOKS – Yaoundé Juillet 2017
ISBN 978-1548704797

Avant-propos

L'accession du Cameroun à l'indépendance demeure, sur le plan national, un des sujets à très grande controverse, sinon le sujet qui divise le plus l'opinion publique camerounaise, et plus particulièrement les intellectuels de notre pays. Pour les uns, il n'y a guère eu d'indépendance. Pour d'autres, l'indépendance a bel et bien été acquise le 1er janvier 1960 ; par conséquent, il faut cesser de « *distraire* » le peuple.

Comme conséquence de ce débat – ou en continuité à celui-ci – l'unanimité sur le nom du « *père* » véritable de l'indépendance du Cameroun, c'est-à-dire l'initiateur de celle-ci, demeure difficile à être accepté de tous. Um Nyobè, pour les uns, demeure avant tout un « *maquisard* », entendez, un brigand ; tandis que Ahmadou Ahidjo, pour les autres, demeure un usurpateur, et rien d'autre. Quant à André-Marie Mbida, le commun des Camerounais semble n'avoir retenu de lui que l'image d'un personnage essentiellement impulsif, et pour parler en langage camerounais, « *un vrai Eton* » avec ses « *cinq minutes quotidiennes et inévitables de folie* ».

Pourtant, chacun de ces trois personnages avait milité, à sa manière, pour l'accession du

Cameroun à l'indépendance, même en s'y opposant.

Enfin, un autre débat a divisé les Camerounais, et même les Africains dans leur ensemble, pendant les dernières années de la colonisation, celui d'une indépendance « *immédiate* », ou alors « *par étapes* », autrement dit, à long terme.

Notre propos, dans les lignes qui suivent, porte justement sur ce débat qui a agité l'opinion publique nationale dès l'année 1955 à la suite d'un mot d'ordre de l'UPC, et qui, par la suite, s'est transformé en une confrontation idéologique entre Mbida André-Marie, qui venait d'être désigné Premier ministre de la partie du Cameroun sous domination française, et Ruben Um Nyobè qui allait être assassiné au mois de septembre 1958. Quels sont les arguments que les deux protagonistes avançaient pour soutenir leurs points de vue respectifs ? Il importe, en tant que Camerounais, de les connaître.

Chapitre I :

La question de l'indépendance au Cameroun dès le départ et les Nations Unies par la suite.

La question de l'indépendance au Cameroun remonte au temps du protectorat allemand. Le 12 juillet 1884, le Cameroun était devenu un protectorat allemand, pour une durée de trente (30) ans, pas une année de plus. Les traités duala-allemands le stipulaient clairement, à en croire les signataires camerounais. Il se trouve, simplement, qu'il y avait eu une pratique dolosive, c'est-à-dire une tromperie de la part des plénipotentiaires allemands.

En effet, le texte original du traité, sur lequel figuraient les signatures des rois duala, avait été emporté en Allemagne, pour approbation, et des copies de celui-ci devaient être ramenées, par la suite, à ces derniers. Malheureusement, cela n'avait guère été fait. Les rois duala, autrement dit les Camerounais, ne détenaient que les brouillons qu'ils avaient rédigés. En conséquence, les Allemands ont eu beau jeu, par la suite, de déclarer que le protectorat qu'ils avaient établi sur le Kamerun en accord avec les rois duala, était d'une durée illimitée, pendant que les rois duala,

9

quant à eux, affirmaient le contraire, et maintenaient que ce dernier avait été accepté pour une durée de trente ans.

Pourquoi croire davantage les Allemands plutôt que les signataires camerounais ? Des historiens de notre pays, de la catégorie de ceux qui diffusent l'histoire « officielle », à savoir celle qu'autorise le gouvernement, passent totalement sous silence ce malentendu qui avait surgi entre les Allemands et nous.

Quoi qu'il en soit, la position des rois duala sera celle que maintiendront les Camerounais, en tout cas les patriotes, et sur la base de laquelle ils estimeront qu'en 1914, le protectorat devait avoir pris fin, le Cameroun, normalement, avait recouvré son indépendance. 1884-1914 = 30 ans.

Lorsque les Français et les Anglais envahissent le Cameroun à partir du mois d'août 1914, les Camerounais, pour leur part, en tout cas les lettrés au courant des clauses des traités duala-allemands du 14 juillet 1884, se considèrent déjà indépendants, malgré le fait qu'ils ne disposent pas d'une administration qui leur soit propre, et même si du côté des Allemands, il n'en était aucunement question. Les Français et les Britanniques, pour eux, ne sont rien de plus, dans ces conditions, que des envahisseurs. Ceux-ci le sont d'autant plus que, avec les Allemands, il y avait eu des accords, une acceptation de la présence étrangère ; tandis que ces nouveaux maîtres du Cameroun, quant à eux, étaient en train de s'installer par la voie des canons, autrement dit, sans requérir le consentement des Camerounais.

Qu'allait-il se passer si, après le mois de juillet 1914, les Britanniques et les Français n'avaient pas attaqué le Cameroun pour l'asservir ? Tout porte à croire que les Kamerunais n'allaient pas manquer de se lancer dans des revendications portant sur le départ des Allemands de notre pays. De toute évidence, l'invasion franco-britannique était venue étouffer, dans l'œuf, le déclenchement de ces revendications. La preuve en est que, les Kamerunais avaient adressé aux plénipotentiaires réunis à Versailles en 1919 pour les traités de paix consacrant la fin de la première guerre mondiale, un mémorandum dans ce sens. Mais, celui-ci, étant donné l'appétit territorial qui caractérisait les pays européens en ces années-là, ne sera guère pris en considération.

En clair, les traités de Versailles ont, purement et simplement, entériné l'invasion du Kamerun par la France et la Grande-Bretagne. Ils ont totalement refusé d'entendre la voix du Kamerun qui revendiquait sa liberté, qui demandait à recouvrer celle-ci.

La question que de nombreuses personnes se posent aujourd'hui face à cette revendication est celle-ci : le Kamerun, en 1919, était-il en mesure de se gouverner ? La réponse est toute évidente, oui.

L'Allemagne avait déjà mis en place une administration publique qui fonctionnait depuis trente ans. De nombreux Kamerunais étaient des agents administratifs allemands, donc connaissaient parfaitement les procédures administratives. L'Allemagne avait instauré l'enseignement public au Kamerun, et avait décerné de très nombreux diplômes aux Kamerunais. Parallèlement, les missionnaires catholiques comme protestants avaient également scolarisé de très nombreux Kamerunais, en avaient fait des infirmiers, des instituteurs, des menuisiers, des techniciens de génie civil, etc. Et, en face de cette instruction d'origine étrangère, ou en complément à celle-ci, les Kamerunais, comme tous les êtres humains, savaient parfaitement ce qu'était le pouvoir, le commandement, le bien, le mal, la propriété privée, etc., puisqu'ils étaient régis par des chefferies traditionnelles. Pour tout dire, ils avaient, en 1919, parfaitement les capacités de s'autogouverner. Martin Paul Samba, Rudolph Duala Manga Bell, Charles Atangana Ntsama, le Sultan Njoya, tous des lettrés en allemand, et bien d'autres personnes, avaient la capacité de diriger le Kamerun.

Quoi qu'il en soit, le refus, par la population, de la soumission à la France et à la Grande-Bretagne, au lendemain de la partition du Kamerun le 4 mars 1916, et le fait, par les traités de Versailles d'avoir entériné cette invasion étrangère, est quelque chose d'essentiel dans l'histoire du Cameroun. En effet, il constitue, en grande partie, le point de départ de la contestation de la présence française dans notre pays par les patriotes. Les lettrés camerounais, ne cesseront, en aucun jour, de traiter les Français et les Britanniques, dès leur arrivée dans notre pays, en envahisseurs, en peuple non désiré parce que n'ayant été, en aucun jour, invités. Ceci explique le refus systématique, au début, des Camerounais d'abandonner l'allemand pour se mettre à apprendre le français et l'anglais.

Le rejet de l'invasion franco-britannique du Cameroun, au-delà du rejet que tout peuple manifeste envers un autre qui l'envahit, s'est encore plus accentué par le fait que les Camerounais avaient vu aussi l'appellation de leur pays menacée de modification. Les Français se proposaient en effet de le faire, c'est pourquoi ils ont, jusqu'en 1923, utilisé l'appellation « *territoires occupés de l'ancien Cameroun* ». En insistant sur l'adjectif « ancien », ils démontraient qu'ils étaient à la recherche d'une nouvelle appellation à attribuer à notre terre. Déjà, ils avaient changé l'orthographe du nom de notre pays. Ils sont passés de « Kamerun » à « Cameroun ». Même chose pour les Britanniques. Ceux-ci, pour leur part, sont passés de « Kamerun » à « Cameroon ».

Ces modifications, les Camerounais d'aujourd'hui ne le savent plus, n'avaient jamais été acceptées par les Camerounais de l'époque. Ce rejet de la nouvelle orthographe du nom de notre pays, perdurera jusqu'à pratiquement 1966. Du côté francophone, les patriotes n'ont eu de cesse d'écrire « Kamerun », toutes les fois où ils désignaient notre pays ; même chose du côté territoire sous administration britannique, où des partis politiques avaient même maintenu cette orthographe jusqu'au moment de l'instauration de la dictature au Cameroun avec la création du parti unique le 1er septembre 19-66. C'était le cas du KNDP, Kamerun National Democratic Party, de John Ngu Foncha.

Le 20 juillet 1923, les « *territoires occupés de l'ancien Cameroun* » devenaient un territoire sous mandat « B » de la SDN, autrement dit, un territoire qui était appelé à accéder à l'indépendance, mais ne pouvait le faire dans l'immédiat. Une fois de plus, les plénipotentiaires réunis à Versailles, avaient totalement nié la capacité du Kamerun à s'autogouverner. Pourtant, ils avaient un exemple de pays africain qui se gouvernait tout seul, sans domination étrangère, l'Ethiopie. Il faudrait le rappeler, ce pays n'a jamais été colonisé. Il y avait également le Libéria, qui était constitué d'anciens esclaves négro-américains.

En 1822, le Libéria avait été fondé par une société américaine dénommée *The National Colonization Society of America*, pour y installer des esclaves noirs libérés.

Le 26 juillet 1847, le Libéria était devenu une République indépendante. Bien mieux, le 14 août 1917, le Libéria avait même déclaré la guerre à l'Allemagne.

Si le Libéria était devenu une République indépendante depuis 1847, le Kamerun pouvait bel et bien le devenir au mois de juillet 1884, c'est-à-dire, 37 ans plus tard.

Hors d'Afrique, un pays noir, Haïti, était déjà indépendant depuis. Cette ancienne colonie française était devenue, le dimanche 1er janvier 1804, le premier État noir des Temps modernes et le deuxième État indépendant des Amériques (après les États-Unis).

Si Haïti était devenu indépendant un siècle plus tôt, le Cameroun aurait dû l'être le 12 juillet 1914.

Le mandat de la SDN sur le Cameroun, prendra fin avec la disparition de cette organisation et son remplacement par l'Organisation des Nations Unies.

A – L'accord de tutelles du 13 décembre 1946.

C'est le 13 décembre 1946 que le Cameroun avait, pour la seconde fois, été reconnu par les puissances impérialistes comme territoire destiné à devenir libre, c'est-à-dire, à accéder à l'indépendance, la première fois ayant été par l'accord du mandat de la Société des Nations, SDN, sur le Cameroun.

Mais, cet accord de tutelle qui consacrait la vocation du Cameroun à l'indépendance, avait été l'objet de duperie pour les populations.

L'accord de tutelle prévoyait, pour son adoption, l'approbation par la population, à travers, d'une part une large diffusion de celui-ci encore sous forme de projet, et d'autre part, une adoption à travers un referendum, en tout cas, une consultation populaire. Malheureusement, aucune de ces deux conditions n'avait été respectée. Bien mieux, la délégation française avait réussi à obtenir une durée illimitée de cet accord. Autrement dit, elle avait vidé l'accord de tutelle de son contenu et de son objectif premier, à savoir, l'accession du Cameroun à la liberté.

Pour réaliser cette escroquerie politique, elle avait recouru aux services de deux individus, l'un Français, Louis-Paul Aujoulat, l'autre Camerounais, Alexandre Douala Manga Bell. Ces deux compères étaient allés mentir à New York sur deux points : 1/- que la population avait largement été informée du contenu du projet d'accord de tutelle, et en avait très largement débattu ; 2/- que la population avait approuvé, avec enthousiasme, ce contenu.

Mensonge grotesque. L'écrasante majorité des Camerounais n'avait même pas été au courant ni de l'existence du fameux document, ni de son adoption quelque part dans le monde. Comment auraient-ils pu l'être, dès lors que la presse, et les moyens de communication, d'une manière générale, étaient encore entièrement entre les mains des colons, à savoir, les envahisseurs qui ne voulaient guère entendre parler de quelle que émancipation que ce soit du Cameroun ? Pour tous ces Blancs, le projet d'accord de tutelle était un document hautement subversif à faire disparaître à tout prix.

Quoi qu'il en soit, nous avons reproduit en annexe de ce livre ce fameux document approuvé par l'Assemblée générale des Nations Unies, dans le dos des Camerounais, mais qui, malgré cela, réaffirmait la vocation de leur pays à la liberté.

B – Le Cameroun sous tutelle : une colonie française en bonne et due forme.

En fait, le gouvernement français n'avait accepté le placement du Cameroun sous régime international, en 1923, que véritablement à contrecœur. Il savait qu'il avait conquis militairement ce territoire, et entendait l'exploiter au maximum. En conséquence, il ne modifia nullement le fonctionnement de l'administration qu'il y avait installée, en remplacement de celle de l'Allemagne. Bien mieux, il géra le Cameroun exactement comme il gérait les autres territoires d'Afrique noire placés sous sa domination.

> « *Attendu* que le Territoire connu sous le nom de Cameroun, s'étendant à l'est de la ligne fixée dans la Déclaration signée le 10 juillet 1912, a été administré par la France conformément au mandat défini par l'Acte en date du 20 juillet 1923 ;
> *Attendu* que conformément à l'article 9 de cet Acte, cette partie du Cameroun a été de-puis lors *"administrée selon la législation de la*

Puissance mandataire comme partie intégrante de son territoire ... » (¹)

De même, le Cameroun fut inclus, de facto, dans l'ensemble politique créé par la France après la guerre de 39-45, dans l'*Union Française*. En conséquence, le Cameroun s'était retrouvé en train de bénéficier de la citoyenneté française, véritable incongruité, il avait des élus à l'*Assemblée Nationale Française* à Paris, tout comme au sein de l'*Assemblée de l'Union Française*, sans oublier au *Conseil de la République*, à savoir, au Sénat. La seule chose dans laquelle le gouvernement français n'a pas inclus le Cameroun, c'était au gouvernement à Paris. En effet, des ressortissants des autres territoires « *français* » d'Afrique noire y figuraient, les plus connus étant Houphouët-Boigny et Senghor.

Sur le plan de l'exploitation économique, le gouvernement français n'avait fait preuve d'aucune retenue.

La participation des « *indigènes* » du Cameroun est bien connue. Ce qui l'est moins, c'est l'achat d'un avion de chasse à de Gaulle par ceux-ci, en 1940, tout comme le détournement du cacao et du café camerounais vers l'Angleterre pour financer l'armée de ce dernier.

Après la guerre, les entreprises françaises installées au Cameroun, s'étaient, toutes, mises à financer les partis politiques en France. Au nombre de ces entreprises, il importe de

---

¹ - Accord de tutelle du 13 décembre 1946, document des Nations Unies.

citer les plus en vue : CFAO, *Compagnie Française d'Afrique Occidentale*, SCOA, *Société Commerciale Ouest Africaine*, etc.

De même, les partis politiques français s'étaient implantés au Cameroun, étant donné que le Cameroun n'était, ni plus ni moins, dans l'entendement de leurs leaders, qu'une colonie française : SFIO, *Section Française de l'Internationale Ouvrière*, à savoir le Parti Socialiste, le MRP, *Mouvement Républicain Populaire*, le parti centriste, le RPF, *Rassemblement du Peuple Français*, le parti gaulliste actuellement UMP, le PCF, *Parti Communiste Français*, etc.

C'est le lieu de décrire l'arrivée de Charles de Gaulle à Douala, au mois d'octobre 1940, visitant la colonie du Cameroun, après que Leclerc eut déjà « rallié » le Cameroun, en vérité les colons, pas les Camerounais, à la « France libre ». Le journal des colons, *Le Cameroun libre*, du 9 octobre 1940, nous en rend compte :

> «...Le 8 octobre 1940, à midi trente, le Général de Gaulle, à la tête de troupes françaises libres et à bord d'un navire français libre a débarqué à Douala, devant une foule dense, pressée, d'Européens et d'indigènes accourus pour voir enfin et acclamer le chef de la France libre, celui en qui s'incarnent les aspirations, les espérances, et l'âpre volonté de tous ceux qui n'ont pas renoncé, de tous ceux qui ont voué leur vie à la libération de la patrie.
> Le premier et le troisième bataillon du régiment des Tirailleurs du Cameroun, ainsi que la

Légion du Cameroun, étaient rangés sur le quai, le long des bâtiments de la douane pour rendre les honneurs.

A leurs côtés, l'état-major du gouverneur, les représentants de l'administration, les anciens combattants de l'autre guerre, drapeau en tête, les représentants des missions, de la Chambre de Commerce, planteurs, colons, commerçants. Et derrière, toute la foule avide de voir, malade d'impatience

Mais cette impatience se muât, tout d'un coup, en émotion fervente, lorsque le torpilleur français qui amenait le général, et dont la silhouette noire piquée d'un ruban de fumée était suivie par tous les yeux depuis qu'elle était apparue à l'horizon, se prépara à accoster, étageant sur ses plages et le long de ses rambardes les soldats de la France libre, en tenue coloniale, coiffés du casque à large écusson tricolore. Le navire était presque à quai, lorsque la foule, débridant son émotion, éclata en applaudissements et vivats enthousiastes, derrière la haie de baïonnettes figées au port d'armes.

Quelques ordres brefs, quelques manœuvres impeccablement exécutées, et le torpilleur, accostée, abat son panneau de coupée.

En face, à quelques pas, le colonel Leclerc, de blanc vêtu, au garde à vous, est prêt à accueillir le chef de la France libre.

La sonnerie « Aux champs » éclate. Dressé de toute sa haute taille, à la coupée, le Général de Gaulle salue la terre française libre du Cameroun.

Puis, posant le pied sur cette terre française, d'une enjambée il est auprès du colonel Leclerc, et se découvrant, en un geste émouvant, qui soulève les applaudissements de la foule, et embue quelques beaux yeux, il lui donne l'accolade, accolade de frère d'armes à frère d'armes qui se retrouvent après bien des épreuves et bien des dangers surmontés, accolade symbolique aussi, où le chef embrasse tous ceux qui, rangés derrière lui, partagent la même foi dans l'avenir, la même inébranlable résolution de combattre, jusqu'à la mort, pour la libération de leur pays.

Accompagné du colonel gouverneur, le Général de Gaulle vient se placer ensuite devant le drapeau des anciens combattants qu'il salue longuement, tandis que retentissent les accents de *La Marseillaise*.

Et puis, c'est la revue des troupes, immobiles, impeccables de netteté et d'énergie dans leur présentation. La haute silhouette du Général de Gaulle s'avance, le long de leurs lignes immobiles, tandis que crépitent les applaudissements et montent les vivats de la foule enthousiaste.

Enfin, c'est le départ pour le gouvernement et l'automobile qui emporte le Général, se fraye lentement un passage au milieu de la foule qui veut l'approcher, le mieux voir et l'acclame sans fin.

Un quart d'heure plus tard, devant l'hôtel du gouvernement, les officiers et sous-officiers de la garnison de Douala, la Légion du Cameroun, les anciens combattants, les représentants de l'administration, des missions, de la Chambre de Commerce, planteurs, colons, commerçants, sont à nouveau réunis pour écouter le Général de Gaulle ».

C'est également le lieu d'évoquer le discours du Général de Gaulle à la *Maison du Combattant*, à Yaoundé, le 26 mars 1953, lors de sa seconde tournée des colonies :

«... Si les anciens combattants camerounais ne sont pas très nombreux, ils n'en sont pas moins actifs. Aujourd'hui, c'est une dans une maison qu'ils ont édifiée, grâce à l'appui du haut-commissaire Soucadaux et de l'ATCAM que les anciens combattants sont fiers et heureux de recevoir l'homme du 18 juin, mais, ils n'oublient pas, pour autant, ceux qui sont partis et ne sont pas revenus (...) Le Cameroun et les combattants camerounais ont été parmi les premiers à donner l'exemple à un moment historique. Je ne m'étonne pas de trouver au Cameroun, dans tous les milieux, une vie, une ardeur et une volonté caractéristique de votre pays. Vous avez parlé des Camerounais tombés au combat, c'est aux vivants à garder et à faire respecter leur souvenir. Devant les nuages qui s'amoncellent à l'horizon international, il faut continuer à bâtir l'Union Française, à la faire rayonner toujours d'avantage.
Vive le Cameroun, vive l'Union Française, vive la République, vive la France ». ([2])

---

[2] - Radio-Presse du 28 mars 1953

Chapitre II :

Um Nyobè parle en premier de l'indépendance.

Lorsque l'on évoque le nom de Ruben Um Nyobè, aussitôt, on pense à deux choses : « *indépendance immédiate, et réunification* ». En fait, on se trompe totalement en procédant, de cette manière, à cette énumération. Cette confusion, ou, plus précisément, cette erreur, provient purement et simplement des adversaires de Ruben Um Nyobè qui, après avoir procédé à son élimination physique, ont entrepris de déformer, à dessin, sa pensée politique, dans le but de démontrer à la population qu'ils ont réalisé son programme, sans recourir, comme lui, à des meurtres, des assassinats, du brigandage, en un mot, au « *terrorisme* ». Nul besoin de « *fendre le ventre des femmes dans les maternités, d'en extraire les bébés qui s'y trouvaient, et de les égorger, ainsi que le faisait Ruben Um Nyobè, sous le prétexte de la lutte pour l'indépendance* ». Telle était le message diffusé, au lendemain de la proclamation de l'indépendance le 1er janvier 1960, par le régime d'Ahmadou Ahidjo. La génération d'hommes de l'auteur de ces lignes l'a avalé, des années durant, sans être en mesure de vérifier la véracité des faits énoncés.

La réalité est malheureusement tout autre. D'une part, Ruben Um Nyobè plaçait la réunification en dehors de l'indépendance, bien mieux, estimait que celle-ci était même un préalable à l'indépendance, donc elle devait se produire bien avant l'indépendance, d'autre part, la réunification du Cameroun, telle qu'il l'avait préconisée, n'a pas du tout été réalisée par Ahmadou Ahidjo. Enfin, l'indépendance, dans l'esprit de Ruben Um Nyobè, ne pouvait, en aucune manière, signifier hypothéquer le sous-sol camerounais avant sa proclamation, ainsi que l'avait fait Ahmadou Ahidjo le 31 décembre 1958, à travers les accords de coopération franco-camerounais signés entre le gouvernement camerounais, non encore indépendant, et la France, autrement dit, entre un vassal et son suzerain.

Mais avant tout, l'histoire du Cameroun a retenu que le tout premier Camerounais ayant évoqué la question de l'indépendance du Cameroun devant les Nations Unis, est Ruben Um Nyobè.

A – Um Nyobè à l'ONU le 17 décembre 1952.

Au début du mois d'octobre 1952, Ruben Um Nyobè, pour le compte de l'UPC, avait adressé un télégramme au Secrétaire Général des Nations Unies, le Norvégien Trygue Lie, dans lequel il lui demandait, conformément aux accords de tutelle signés entre les Nations Unies, la France et la Grande-Bretagne, au sujet du territoire du Cameroun, le 13 décembre 1946, une audience, en qualité de pétitionnaire, auprès de la 4ème Commission des Nations Unies, celle chargée des territoires sous tutelle. Après avoir étudié la requête de Ruben Um Nyobè, le Secrétaire Général de l'ONU lui avait adressé une réponse favorable, et, en conséquence, une invitation pour la session annuelle en cours, qui devait prendre fin le 30 décembre 1952.

Le discours de Ruben Um Nyobè à l'ONU le 17 décembre 1952.

C'est le 17 décembre 1952 que Ruben Um Nyobè prend la parole devant la 4ème Commission de l'Assemblée Générale des Nations Unies, qui se réunissait en sa 310ème session. Quel est son propos de ce jour ? Il est possible de le résumer ainsi :

> « Conformément à l'article 4 de l'accord de tutelle du 13 décembre 1946, la France administrerait le Cameroun comme une partie intégrante du territoire français, tandis que l'article 60 de la constitution française stipule que seuls les territoires et les départements français d'outre-mer sont inclus dans l'Union Française. Cette même constitution stipule, par ailleurs, que le Cameroun, territoire sous tutelle, est admis dans l'Union Française comme territoire associé. Le gouvernement français, afin d'arriver à l'incorporation du Cameroun dans la République française, a créé ce

concept dans le but, uniquement et inavoué d'assimiler, purement et simplement, le Cameroun aux territoires d'outre-mer. Ceci est contraire à l'esprit de la tutelle, qui, en l'article 76 de la Charte des Nations Unies stipule que celle-ci vise à favoriser le progrès politique, économique et social des populations des territoires sous tutelle, ainsi que le développement de leur instruction ; favoriser, également, leur évolution progressive vers la capacité à s'administrer eux-mêmes ou vers l'indépendance. De même, il existe des députés camerounais en France, ce qui traduit, une fois de plus, la volonté d'incorporation du Cameroun à la République française, en opposition totale aux dispositions de l'article 76 de la Charte des Nations Unies. Enfin, les accords de tutelle du 13 décembre 1946 avaient été signés sans le consentement des Camerounais. Ces derniers n'avaient, en effet, pas du tout été consultés. Pour cette raison fondamentale, ces accords sont frappés de nullité »

B – Um Nyobè et l'indépendance le 13 décembre 1956.

La conception de l'indépendance du Cameroun de Ruben Um Nyobè avait pour fondement, le statut du Cameroun, à savoir un territoire sous tutelle appelé à accéder à l'indépendance, et non pas à être intégré à l'*Union Française*, le grand ensemble politique qu'avait créé la France, au sortir de la seconde guerre mondiale en 1945, à travers sa constitution de 1946. Ruben Um Nyobè et la France, seront en opposition totale sur ce point.

Dans son argumentation, Ruben Um Nyobè développait trois points :

1/-Révision des accords de tutelle.
Les accords de tutelle signés entre les Nations Unies, la France et la Grande-Bretagne, n'ont pas été signés après consultation des populations camerounaises. De ce fait, ceux-ci sont nuls. Comment peut-on engager un peuple, décider de son sort à son insu ? Le 13 décembre 1946, les Français avaient commis un nègre de service, pour tromper les membres du Conseil de Tutelle, qui avait pour mission de soutenir les thèses françaises, au nom du peuple camerounais. Il était ainsi tenu d'affirmer que le contenu des accords de tutelle avait fait l'objet d'une très grande diffusion au Cameroun, et que le peuple camerounais les avait acceptés avec enthousiasme. Qui était ce nègre ? Alexandre Douala Manga Bell.

En fait, ce bonhomme n'était, ni plus ni moins, que l'exemple type de fanfaron qui se gargarisait d'une grande amitié avec les Blancs. Connaissant cette grande faiblesse de sa part, l'administration coloniale, après qu'il eut battu Fouda André à l'élection du représentant des « *indigènes* » du Cameroun à l'Assemblée Constituante à Paris, en 1945, l'avait, sans grande difficulté, « *retourné* ». Il était, ainsi, aux petits soins des Blancs du Cameroun. Son amitié avec le ô combien roublard Haut-commissaire de la République Française au Cameroun, André Soucadaux, était légendaire. Il lui arrivait même de loger à son palais, lorsqu'il était de passage à Yaoundé. Un nombre incalculable de fois, André Soucadaux a eu régler ses dettes de jeu. Il était expert en « *njambo* ». Alors, un tel personnage ne pouvait que se réjouir d'un séjour à New York, tous frais payés par l'administration coloniale, à la condition d'aller soutenir les thèses de celui-ci. En langage trivial, on dirait, à la condition d'aller « *vendre le pays* ». Que lui importait ce qu'il pouvait bien aller déclarer là-bas, dès lors que de tous les Camerounais, il avait été le seul à être choisi par les Blancs ? Pour lui, cela était, tout bonnement, un objet supplémentaire de crâneries.

Bref, Alexandre Douala Manga Bell avait contribué à faire avaliser le mensonge monumental français d'une large consultation populaire du contenu des accords de tutelle, au Cameroun. Qui se trouvait à ses côtés le 13 décembre 1946 ? L'inénarrable Louis-Paul Aujoulat, le colon le plus nuisible de tout le Cameroun, et que Mbida André-Marie qualifiait de « *nuisible intrus* ». Ils étaient, tous les deux, les compères de cette roublardise.

2/- Fixation d'un délai pour l'indépendance.

Dans l'esprit de Ruben Um Nyobè, la tutelle, conformément à sa définition, était appelée à prendre fin un jour. Mais quand ? Telle était la question qui se posait. Alors, Ruben Um Nyobè estimait qu'il importait, impérativement, de fixer un délai pour la fin de la tutelle. Autrement, celle-ci pouvait bien durer indéfiniment. Il préconisait, ainsi, un délai de dix ans, maximum, à compter de la date de signature des accords de tutelle. Autrement dit, ceux-ci ayant été signés le 13 décembre 1946, l'indépendance du Cameroun pouvait valablement être proclamée le 13 décembre 1956. On le voit bien, l'accusation portée contre Ruben Um Nyobè selon laquelle il préconisait une « *indépendance immédiate* », ne révélait, ni plus ni moins, que de la désinformation et du dénigrement auquel se livrait l'administration coloniale. Il s'agissait de montrer le caractère utopique de sa pensée.

3/- Organisation d'institutions préparatoires à l'indépendance.
Accordons la parole à Ruben Um Nyobè :

> « ... ce que nous voulons, ce n'est pas l'augmentation du nombre de représentants Camerounais au parlement français. Ce que nous voulons, c'est l'institution de notre propre parlement, un parlement camerounais. L'assemblée législative du Cameroun serait donc, nous le répétons, une école au sein de laquelle les Camerounais apprendront à faire les lois de leur pays. Enfin, quand nous demanderons l'institution d'un conseil exécutif, c'est pour permettre aux citoyens de notre pays d'apprendre, pendant un laps de temps, à diriger, sous l'égide d'un haut-commissaire de l'ONU, le gouvernement de leur pays. Voilà les raisons pour lesquelles nous considérons notre programme concernant la solution du problème de l'indépendance comme un programme-

école, c'est-à-dire, un programme dont l'exécution permettrait aux Camerounais de recevoir une formation adéquate, pour pouvoir assumer les charges d'Etat découlant du recouvrement de notre souveraineté.

Abel Eyinga dans son ouvrage *L'Upc : une révolution manquée ?* ajoute :

« ...S'agissant plus précisément de la période de dix ans préparatoire à l'indépendance – et qui devait commencer à courir à partir de l'entrée en vigueur des accords de tutelle, ou de toute autre date raisonnable dont l'Upc a toujours demandé sans succès la fixation – Ruben Um Nyobè en concevait l'organisation d'une manière qui préservait la responsabilité des trois parties intéressées, à savoir :
- les Camerounais qui s'intéressaient au fonctionnement des institutions démocratiques et à la gestion directe de leurs affaires dans le cadre d'un conseil de gouvernement (à majorité camerounaise) et d'une assemblée législative élue au suffrage universel et au collège unique ;
- l'autorité chargée de l'administration (France et Grande-Bretagne) qui, par ses représentants sur place, veillerait au bon fonctionnement des institutions mises en place ;
- l'ONU, chargée de superviser le tout sous son autorité, conformément à l'article 75 de la Charte de San Francisco.
Il est bien évident qu'un Cameroun accédant à l'indépendance à la suite de dix ans de fonctionnement d'un tel système, aurait été un pays modèle, capable de faire face à toutes ses responsabilités, nationales et internationales. »

Indépendance, oui, mais, Réunification d'abord.

Nous avons dit plus haut que Ruben Um Nyobè plaçait la réunification en dehors de l'indépendance, bien mieux, avant l'indépendance, afin que celle-ci soit totale. En d'autres termes, selon Ruben Um Nyobè, l'indépendance du Cameroun ne se concevait pas sans sa reconstitution, son retour aux frontières de l'époque du protectorat allemand.

La conception de la réunification, par Ruben Um Nyobè, tirait son origine de la division arbitraire du Cameroun, par les colonialistes franco-britanniques, le 4 mars 1916. Ceux-ci l'avaient effectuée sans se préoccuper de l'avenir du pays, encore moins de l'intérêt des populations qui y vivaient. Ils s'étaient partagés notre pays, à la manière qu'une famille le fait des biens d'un défunt parent : la plantation de cacao reviendra à X, la source d'eau à Y, la case à Z. Nul ne se préoccupe des porcs-épics qui vivent dans cette plantation, ni des souris et des cafards qui vivent dans la maison. Les Français et les Anglais, en se partageant le protectorat allemand du Cameroun, ne s'étaient pas du tout préoccupés des « *indigènes* » que nous étions.

En conséquence, la tâche première de tout patriote camerounais authentique, consistait à réparer cette injustice monumentale. Ne pas le faire, avant toute chose, c'était, purement et simplement, entériner l'arbitraire colonial de 1916. En conséquence, c'était le premier problème à résoudre, bien avant de parler de l'indépendance, autrement, l'indépendance n'en serait pas une, parce que partielle. On n'imagine pas la partie du Cameroun sous administration française indépendante, pendant que celle sous administration britannique ne l'est pas. Donc, réunification, d'abord, indépendance, après.

Ensuite, si les colonialistes français ont maintenu, intacte, la partie du Cameroun qu'ils se sont attribuée, il n'en a pas été de même pour les britanniques. En effet, ceux-ci se sont empressés de diviser celle-ci en « *British Cameroons* », c'est-à-dire en trois autres parties, la *Southern Cameroon*, regroupant les actuelles provinces du Nord-Ouest et du Sud-Ouest, et le *Northern Cameroon*, regroupant une portion de territoire située au-dessus du Nord-Ouest actuel, et une autre portion de territoire collée à la province de l'Extrême-Nord actuelle. En conséquence, accéder à l'indépendance avant que la réunification ne soit réalisée, ferait courir, au Cameroun, le très grand risque de ne plus jamais être entièrement reconstitué. La raison ? Il n'est nullement garanti que les trois parties sous administration britannique puissent, une fois indépendantes, séparément, d'une part, de celle sous administration française, et d'autre part, entre elles, que celles-ci puissent encore accepter de lier, de nouveau, leur destin au restant du Cameroun. En d'autres termes, plus les quatre Cameroun évolueront séparament, plus la réunification deviendra de plus en plus improbable. En conséquence, c'est la réunification qui doit être « *immédiate* », c'est-à-dire, sans tarder, afin de contrecarrer les forces centrifuges qui, chaque jour, ne peuvent que prendre de l'ampleur.

Ruben Um Nyobè n'avait-il pas vu juste ? N'est-ce pas ce qui, finalement, s'est produit ? Où se trouve, à ce jour, le *Northern Cameroon* ? Ne l'avons-nous pas perdu à jamais ? Que s'est-il passé ?

Ce qui s'est passé a été que, les nombreux obligés et protégés des Français faisaient office d'hommes politiques, et qui siégeaient aussi bien au sein de l'ARCAM, de l'ATCAM, de l'ALCAM, de *l'Assemblée de l'Union Française*, de *l'Assemblée Nationale Française*, que du *Conseil de la République* à Paris, ne pouvaient, en aucune manière, se hasarder à aborder cette question de la réunification selon les vues de Ruben Um Nyobè, pour la simple raison que la France ne voulait, en aucune manière, en entendre parler. Le faire, les aurait brouillés avec elle, et leur carrière politique aurait été, tout bonnement brisée. Qui sont-ils ? Contentons-nous de citer, uniquement, ceux qui siégeaient dans les assemblées parisiennes. *Assemblée Nationale* : Alexandre Douala Manga Bell, André-Marie Mbida ; *Assemblée de l'Union Française* [3]: Ahmadou Ahidjo, Paul Soppo Priso ; *Conseil*

---

[3] - Assemblée constituée de représentants des assemblées territoriales d'Afrique Noire, dont ARCAM, puis ATCAM pour le Cameroun.

de la République (sénateurs) : Charles Okala, Njoya Arouna, Pierre Kotouo, Daniel Kemajou ; *Conseil Economique et Social* : Charles Assale, Monthé Paul, etc.

L'UPC vaincue et Ruben Um Nyobè assassiné, le camp des profrançais a été hissé au pouvoir. Mais, comme la question de la réunification avait déjà gagné, entièrement, le cœur des Camerounais, le Premier ministre Ahidjo et ses protecteurs français ont bien été obligés de récupérer cette idée, pour montrer, ainsi que dit plus haut, qu'ils étaient, après tout, en train de réaliser le programme politique de l'UPC. Ils n'étaient pas seul dans cette situation, tous les hommes politiques qui combattaient l'UPC, ont entrepris, chacun à sa manière, de démontrer qu'ils étaient favorables à la réunification. Même un grand démagogue tel que Charles Assale, devenu Premier ministre, s'y était mis. Il avait, en effet, déclaré, le 15 février 1961, devant l'Assemblée législative, ce qui suit :

> « ...Pas un seul parti politique, au Cameroun, qu'il soit de la majorité ou de la subversion (relevez le mépris avec lequel il considérait l'opposition) n'a omis de porter, à son programme, le problème de la réunification » [4]

L'arrivée de Roland Pré et la question de l'indépendance en 1956.

Au mois de décembre 1954 arrive au Cameroun un personnage qui viendra totale-

---

[4] - Journal des débats de l'ALCAM.

ment bouleverser l'histoire de notre pays : Roland Pré.

En effet, les colonialistes français s'étant aperçus de l'inefficacité de la méthode douce pour venir à bout du désir de réunification et d'indépendance des Camerounais, ils ont décidé de changer de méthode, et de recourir désormais à la violence. Roland Pré a de ce fait été désigné pour venir briser par la force les revendications camerounaises. Aussitôt en fonction, il a d'abord commencé par regrouper à Douala tous les leaders du mouvement réunificationniste et indépendantiste afin de mieux les surveiller. Ensuite, il s'est mis à les traquer véritablement, et de manière cette fois-ci brutale, à la différence de son prédécesseur André Soucadaux.

En réaction à ses innombrables intimidations, Um Nyobè et l'UPC ont estimé qu'il n'y avait plus d'autre possibilité que de proclamer de manière unilatérale l'indépendance du Cameroun, au plus tard le 13 décembre 1956. Pourquoi cette date ? Parce qu'elle représentait dix années de tutelle des Nations Unies sur le Cameroun, délai qui avait été accordé à d'autres territoires jouissant du même statut et au même moment, la Lybie et la Somalie, à savoir au mois de décembre 1946, pour obtenir leur indépendance. Le mot d'ordre de l'UPC est ainsi devenu « *indépendance immédiate* », en d'autres termes, « *sans plus attendre* », et la date fixée devait se situer avant le 13 décembre 1956, date de la signature dix années auparavant des accords de tutelle entre la France, la Grande-Bretagne et le Cameroun.

Par la suite, les adversaires de Um Nyobè le critiqueront sur ce point, en affirmant qu'il était un personnage qui voulait aller plus vite que la musique. Et pourtant, lorsqu'est proclamée finalement l'indépendance le 1er janvier 1960, la prétendue « *évolution* » nécessaire du pays à laquelle faisaient allusion ceux-ci ne s'était guère produite. Rien n'avait fondamentalement changé entre 1956 et 1960. Le Cameroun manquait toujours cruellement de cadres, d'infrastructures de tous genres, etc. C'était de ce fait une critique infondée.

Chapitre III :

André-Marie Mbida et l'indépendance après 1968.

André-Marie Mbida aura été le premier Premier ministre du Cameroun, que ce soit sous domination britannique comme sous domination française, et, en même temps, le premier chef du gouvernement. A l'époque, le Cameroun était régi par un régime parlementaire. C'était par conséquent le Premier ministre qui conduisait la politique de la nation, comme cela se passe, par exemple, en Grande-Bretagne, en Allemagne, en Espagne, etc. André-Marie Mbida était ainsi, en quelque sorte, le chef de l'Etat du Cameroun, étant donné que le Haut-commissaire était un Français, et représentait le gouvernement de son pays au Cameroun.

A – Mbida et l'indépendance par étapes.

Sur la question de l'indépendance, la position d'André-Marie Mbida rejoignait celle d'innombrables Africains qui estimaient que, au regard de l'absence de cadres locaux, il était utopique de parler d'indépendance avant un certain temps.

Accordons la parole à l'un d'eux, le leader voltaïque, Daniel Ouezzin Coulibaly ([5]), prenant la parole au cours d'une réunion du, *Rassemblement Démocratique Africain*, RDA, à Bouaké, en Côte d'Ivoire, le 16 novembre 1956 :

> « ... Je voulais dire à tous ceux qui sont des intellectuels ici, qu'il faut que vous preniez garde à certains mots qui sont sonores, à certains mots qui sont musicaux. Prenez garde, on parle beaucoup d'indépendance et d'autonomie. Bien sûr, tous ceux qui ont une certaine culture, tous ceux qui à l'école, ont appris les mots de liberté, de justice, de fraternité, d'indépendance, aiment bien qu'on leur parle d'indépendance. Ils ne pèsent pas assez les conséquences des mots trop tôt venus, les conséquences d'un fardeau très lourd. Ils ne voient pas ce qui se trouve derrière les mots. Ils aiment les mots. Faites bien attention, que si, un jour, nous demandions notre indépendance et que la France, par hasard, accepte de rappeler tous les Français qui sont ici, qu'est-ce qui se passera à Bamako ? (...) Quel est le patrimoine que vous avez pour supporter cette indépendance que vous demandez ? Comment allez-vous travailler ensemble ici alors qu'aujourd'hui pour quelque poste de conseiller, vous-mêmes, vous n'êtes même pas d'accord.
>
> C'est pourquoi le ministre vous dira plus que moi, l'option que nous ferons à Bamako pour poser le problème devant tous pour qu' on ne vienne pas ici tromper les populations avec des mots. Il faut que cela cesse.

---

[5] - Homme politique de la Haute-Volta, actuellement Burkina-Faso.

Nous avons toujours ici été qualifiés pour ceux qui disaient la vérité aux populations. Maintenant, seulement, au lieu de dire la vérité en public comme ici, nous allons aller dans les masses, nous allons aller dans les villages. Nous allons aller dans les campements. Nous allons porter partout la décision qui sera prise à Bamako pour que le ministre, que vous voyez ici, puisse un jour, en apportant à l'ensemble de l'univers français-africain, puissent dire « *nous avons fait notre choix et c'est notre choix qui a prévalu* ». Et je sais que tous ensemble, que vous soyez en Côte d'Ivoire, que vous soyez au Soudan, que vous soyez au Niger, tous ceux qui pensent que l'Union française c'est quelque chose que nous n'avons pas fini de construire, qu'il faut encore construire l'Union française... qu'avec les métropolitains qui sont ici, nous devons travailler en collaboration ...» ([6])

Même son de cloche au Gabon voisin de la part de Léon Mba, qui sera le premier président de la République de ce pays :

«... en raison de l'insuffisance présente des cadres administratifs et techniques autochtones, la souveraineté interne actuelle est préférable à l'indépendance totale, nominale qui plongerait l'Etat gabonais dans le néo-colonialisme. Le Bloc Démocratique Gabonais, BDG, ajoute toutefois qu'il est prêt, le moment venu, à demander l'accession du Gabon à la souveraineté internationale... » ([7])

---

[6] - *La Presse du Cameroun*, Lundi 11 janvier 1960.
[7] - *La Presse du Cameroun*, Lundi 11 janvier 1960.

André-Marie Mbida, pour sa part, a nettement pris position contre une indépendance immédiate au cours du congrès constitutif du Parti des Démocrates Camerounais, PDC, tenu dans la ville d'Abong-Mbang le 12 janvier 1958. Une des résolutions adoptées au cours de cette assise, préconise l'indépendance du Cameroun par étapes :

> « ... il est du plus grand intérêt politique, économique, social, etc., des populations du Cameroun que la souveraineté ou l'indépendance totale de leur pays ne leur soit pas accordée actuellement ou immédiatement ni même à brève échéance. Ce serait, au contraire, un très grand préjudice à tous points de vue. L'accession ou la progression à l'indépendance par étapes successives plus ou moins longues suivant la volonté expresse et libres des populations intéressées elles-mêmes, conformément aux dispositions de l'article 76 de la Charte des Nations Unies en son paragraphe B, sous la tutelle d'une autre nation ou autorité est incontestablement la voie la plus sûre et le meilleur garant de l'obtention d'une indépendance réelle et durable... » [8]

De même au sujet de la réunification, André-Marie Mbida est plus que réticent. Au cours du même congrès, il déclare :

> « ... le Parti des Démocrates Camerounais estime que les résolutions de la question de la réunification des deux Cameroun n'est pas essentielle à l'évolution politique du Cameroun sous tutelle française. Elle n'est même pas

---

8 - Résolutions du Congrès d'Abong-Mbang.

indispensable à son évolution économique et sociale. En outre, elle ne dépend ni des deux autorités administrantes française et britannique, ni des instances de l'Organisation des Nations Unies, mais des seuls groupes de populations intéressées, dans des conditions librement acceptées et après consultation au suffrage universel et direct de part et d'autre... » (⁹)

Mais, revenons à la question de l'indépendance. André-Marie Mbida, depuis le départ était opposé à toute idée d'indépendance – peut-être devons-nous dire pour le dédouaner – dans l'immédiat. Dès 1951, il avait fait partie, avec Ahmadou Ahidjo et d'autres individus, des « *intellectuels* » du *Bloc Démocratique Camerounais*, BDC – *Bande De Cons*, selon les détracteurs de ce parti – de Louis-Paul Aujoulat, le colon le plus puissant, politiquement au Cameroun et le plus nuisible, au point où l'UPC lui avait attribué, dans son journal *La Voix du Kamerun*, une rubrique spéciale intitulée « *Danger Aujoulat* ». Son parti politique et, par voie de conséquence, les personnes qui y militaient, étaient totalement opposées à toute idée d'indépendance du Cameroun.

Le 24 octobre 1952, André-Marie Mbida s'était joint à l'ensemble des élus de *l'Assemblée Territoriale du Cameroun*, ATCAM, pour protester contre l'invitation adressée à Ruben Um Nyobè par le Secrétaire Général de

---

⁹ - Ibidem.

l'ONU, Dag Hammarskjöld, de venir exposer la question de l'indépendance du Cameroun devant la 4ème Commission du Conseil de Tutelle. Voici le texte de la protestation signé par Mbida :

« ...Suivant deux nouvelles diffusées de New York par l'*Agence France Presse*, le secrétariat des Nations Unies a rendu publique une requête de Monsieur Um Nyobè Ruben, secrétaire général du parti politique Union des Populations du Cameroun, UPC, en vue de l'envoie d'un représentant de l'UPC à l'Assemblée Générale des Nations Unies, et la commission compétente aurait pris la décision d'inviter ce chef de parti à venir, personnellement, à New York, lui exposer les revendications du Cameroun sous tutelle française.

Les membres de l'Assemblée Territoriale du Cameroun français réunis en session à Yaoundé, sont obligés de souligner, avec fermeté, que le parti susnommé et son secrétaire général n'ont aucune qualité pour représenter les intérêts et les aspirations des masses camerounaises. Ils rappellent qu'ils sont, eux-mêmes, les représentants de ces masses, ayant été élus le 30 mars dernier, et qu'à ces élections générales, sur cinquante sièges à pourvoir, l'UPC, malgré une activité intense de propagande, n'en a obtenu aucun. Que notamment, M. Um Nyobè, candidat dans la Sanaga-Maritime, son pays d'origine, où l'UPC a éployé depuis ses débuts une particulière activité, n'a obtenu que 2.736 voix sur 31.317 inscrits ; (...) Subsidiairement, et pour le cas où l'invitation susvisée serait maintenue, demande instamment à l'Organisation des Nations Unies de considérer M. Um Nyobè comme représentant seulement un parti politique qui n'a pu parvenir à grouper qu'un nombre d'adhérents infimes habitant une faible partie du territoire.

Fait à Yaoundé, le 24 octobre 1952, à l'unanimité des membres de l'Assemblée Territoriale du Cameroun sous tutelle française, siégeant en assemblée plénière. » ([10])

Au mois de juin 1956, Paul Soppo Priso avait, pour débloquer la situation politique au Cameroun à la suite de l'interdiction de l'UPC, eu l'idée de créer un regroupement de forces politiques qu'il avait dénommé « *Courant d'union nationale* ». Son programme pouvait se résumer en quatre points :

1/-Rejet de la loi-cadre Defferre, et par voie de conséquence, l'autonomie interne (la ruse à laquelle avait recouru le gouvernement français pour refuser d'octroyer l'indépendance aux territoires sous sa domination en Afrique noire) ;
2/- unification du Cameroun, c'est-à-dire reconstitution de notre patrie telle qu'elle était avant le partage impérialiste du 4 mars 1916, entre la France et la Grande-Bretagne ;
3/- réélection d'une Assemblée territoriale au suffrage universel avec abolition de la ségrégation raciale, autrement dit, mettre fin aux élus Blancs d'un côté, et aux élus « *indigènes* » de l'autre ;
4/- amnistie générale et inconditionnelle sur toute l'étendue du territoire à la suite des massacres perpétrés par le Haut-commissaire Roland Pré et attribués aux pa-

---

[10] - *Journal des débats parlementaires* de l'ATCAM, novembre 1952.

triotes camerounais, massacres sur les-
quels l'ONU était étrangement muette. ([11])

Un très grand nombre de personnalités
politiques de l'époque a adhéré au « *Courant
d'union nationale* », dont des militants du
BDC, de Louis-Paul Aujoulat, de l'USC, de
Charles Okala, d'Indécam, d'Esocam, et, na-
turellement de l'UPC. Mais, Ahmadou Ahidjo
et ... André-Marie Mbida ont, tout bonnement rejeté cette idée. Ils n'y ont pas adhéré.
Ahmadou Ahidjo, en sa qualité de porte-voix
des féodaux du Nord, était opposé à l'indépendance du Cameroun, et André-Marie
Mbida, opposé à toute idée de réunification
du Cameroun, et, d'autre part, en sa qualité
de chrétien, considérait l'UPC comme un
mouvement communiste qu'il fallait combattre. Voici une de ses diatribes contre l'UPC,
en réponse à Charles Assale au sein de
l'ATCAM, pendant le débat sur le projet de
statut du Cameroun, le 22 février 1957 :

> « ...M. Assale (...) m'a donné l'occasion de me
> lever de nouveau (...) je dis devant l'Assemblée
> que partout et toujours, tant que vous aurez
> l'intention, la détermination de pousser ces
> gens (les upécistes) aux émeutes, je vous com-
> battrai. Je les combattrai de toutes les maniè-
> res et même les populations du Centre, en tant
> qu'entités libres, vous feront opposition. Vous
> êtes sûrs que cela arrivera. Encore une fois, on
> ne laissera pas le communisme dominer le
> pays. Dans le Nyong et Sanaga, nous avons un
> programme des démocrates-chrétiens et nous

---

[11] - *L'Effort Camerounais*, juin 1956.

le soutiendrons contre le communisme et l'athéisme que vous voulez introduire ici. Je sais qu'à Paris, et je peux vous en donner des preuves tout à fait palpables, vous êtes toujours poussés par les communistes auxquels vous vous confiez, et que vous consultiez, et ces gens-là vous poussent (...) les communistes qui ont envahi la Hongrie, empêché la Pologne d'avoir sa pleine liberté, vous êtes en relation avec eux (...) je vous dis que nous les combattrons, nous les populations du Centre ici, et nous ne nous laisserons jamais insulter par une poignée d'hommes. Parmi vous, il y a une bande d'égoïstes qui ne regardent pas les intérêts du peuple. Non, on ne laissera jamais mettre le pays en désordre, je le répète, et ne vous faites pas d'illusions, nous sommes en majorité à tout point de vue, et on vous résistera et si vous apportez la violence, on vous répondra par la violence, soyez-en sûrs... » [12]

Toujours lors du débat sur le projet de statut du Cameroun, il s'était opposé au « Groupe des huit », qui préconisait la proclamation de l'indépendance, sans plus attendre, à savoir au mois de mars 1957. Il avait repris sa rengaine contre une indépendance « immédiate », chose qu'il considérait comme étant irréaliste.

Le 28 janvier 1958, André-Marie Mbida rendait public un *Plan de développement économique, social et politique du Cameroun de dix ans*. A l'issue de cette période, soit en 1968, il allait être procédé à une évaluation du niveau de développement atteint par le pays,

---

[12] - *Journal des débats parlementaires* de l'ATCAM

et, à partir de celui-ci, envisager, ou non, l'accession à l'indépendance. En d'autres termes, dans l'esprit d'André-Marie Mbida, le problème de l'indépendance devait être réellement posé après que le Cameroun se fut doté des moyens humains, économiques et politiques de gérer cette dernière. Il fallait en décider au bout d'une décennie de développement sous l'égide de la France.

On retrouve, là, une argumentation que développaient de très nombreux Africains et Camerounais, tout au long de ces années-là, et qui se résumait ainsi :

> « Indépendance, oui, mais avec qui ? avec quel personnel ? avec quelles entreprises ? avec quelles banques ? etc. Il ne faut pas une indépendance vide de contenu... »

Dernier point à signaler, le *Plan de développement économique, social et politique du Cameroun de dix ans*, excluait la réunification du Cameroun.

Au cours de sa tournée dans la région du Nyong & Sanaga, peu de temps avant sa démission, André-Marie Mbida avait renchéri, à Esse, sur son refus de la réunification :

> «... Avant de demander la réunification des deux Cameroun, il faut d'abord montrer que nous pouvons être unis dans nos villages... » [13]

---

13 - *L'Effort camerounais*, Dimanche 19 janvier 1958.

Il avait, ensuite, repris sa rengaine contre l'UPC :

« ... Je veux dire à ces démagogues qu'ils ont tort de nier l'évidence : nous avons maintenant un drapeau camerounais, lors de nos récents séjours à Paris, j'ai été reçu par le Président de la République en tant que chef d'Etat (...) Ne croyez donc pas que c'est par des meurtres que vous parviendrez à vos fins, c'est-à-dire à faire croire qu'il n'y a rien de changé au Cameroun. Ce n'est pas en allant à Moscou ou à l'ONU que vous obtiendrez l'indépendance (...) si les Français quittaient le Cameroun, si la France cessait de nous apporter son aide, il ne serait plus question d'une Assemblée camerounaise et de toutes les institutions actuellement en place. Le Cameroun retomberait dans l'anarchie et dans la misère (...) Les démagogues upécistes ont tort de ne pas s'incliner devant la volonté du peuple. En agissant ainsi, ils ne font pas preuve d'esprit démocratique... (...) Je tiens à souligner que l'indépendance classique est démodée et pratiquement irréalisable dans le monde moderne où seule l'union fait la force et nous devrons trouver, avec la France, une formule d'association (...) La majorité des Camerounais a adopté un programme et il n'est pas normal qu'une minorité, l'UPC, veuille imposer sa doctrine par la force en commettant des assassinats (...) C'est l'Assemblée elle-même qui a accepté l'autonomie interne du Cameroun, reconnaissant qu'il y a des domaines que nous n'avons pas encore les moyens de gérer nous-mêmes, par exemple la monnaie, l'armée. Nous avons encore besoin de la France, et c'est pour cela que nous avons demandé le maintien de la tutelle (...) C'est par le travail que nous parviendrons à la véritable indépendance. Certains leaders politiques, n'ont jusqu'alors parlé que de politique démagogique, évitant de vous entretenir des problèmes économiques. Or, on ne peut être indépendant, que si on est riche (...) [14]

Dans cet esprit, il avait également déclaré :

« ...Il faut qu'un pays ait des gens qui prient pour lui. Plus que tout autre, le Cameroun a besoin de vos prières. Malgré les charges qui m'incombent, j'ai tenu à venir m'associer à vos prières. Vous savez que l'UPC, en ce moment, a recours à la sorcellerie. Il prétend que des hommes comme vous et moi peuvent se rendre invisibles, qu'il existe des gens qui, par un tour de sorcellerie, peuvent devenir invulnérables. Ces idées fausses commencent à entrer dans l'esprit de certains. Vos prières attireront les grâces de Dieu sur le Cameroun...» [15]

Une fois parti du pouvoir, alors qu'Ahmadou Ahidjo, son successeur à la fonction de Premier ministre chef du gouvernement camerounais, s'était déjà rallié à la cause de l'indépendance du pays, c'est-à-dire, avait cessé de s'y opposer, André-Marie Mbida avait adressé au président de la République française le télégramme qui suit, le 14 juin 1958 :

« Honneur vous informer au nom du Groupe Démocrates Camerounais Assemblée législative camerounaise que situation politique notre pays est en extrême dégradation depuis

---

[14] - *L'Effort camerounais*, Dimanche 2 février 1958.
[15] - *L'Effort camerounais*, Dimanche 26 Janvier 1958.

arrivée Gouverneur Ramadier Février 1958 –
stop – Poignée démagogues faisant double jeu
poussés par Sieur Paul Soppo Priso troublent
sans cesse les esprits et le pays par demande
intempestive indépendance immédiate et souveraineté totale Cameroun avec réunification
Cameroun sous tutelle britannique sans consultation ou referendum préalable populations
Cameroun et, au contraire, contre volonté très
grande majorité masses pays – stop – Ces démagogues, abusant et profitant du manque de
culture suffisante d'un grand nombre de députés autochtones Nord-Cameroun, dont
groupe est numériquement majoritaire, leur
font voter des choses au détriment intérêts
supérieurs pays – stop – Les populations que
nous représentons, environ plus un million
d'âmes, qui sont économiquement les plus
fortes au Cameroun et qui, pour le moment,
sont opposées pour raisons très pertinentes à
l'indépendance à brève échéance, demandent,
pour sauvegarder leur évolution normale en
tous domaines, que le Cameroun soit divisé en
plusieurs Etats régionaux distincts comme au
Nigeria britannique et en Suisse – stop – Ce
désir est entièrement conforme aux dispositions article 76, paragraphe B, de la Charte des
Nations Unies – stop – Nos populations
tiennent absolument à ce que éclatement politique demandé intervienne dans très brefs
délais parce qu'il conditionnera pour elles acceptation discussion budget et paiement im-
pôts 1959 – stop – vous demandons saisir
urgence Assemblée générale et conseil tutelle
ONU présente pétition conformément art 87
Charte – stop – Requête suit – stop – Sentiments très haute considération – stop –

Claude Akono, Mathias Djoumessi, André-Marie Mbida » ([16])

B – Le revirement d'A-M Mbida.

Le 16 février 1958, André-Marie Mbida avait démissionné de ses fonctions de Premier ministre chef du gouvernement camerounais. Ce départ du gouvernement se traduira progressivement par un changement d'opinion sur l'indépendance du Cameroun. André-Marie Mbida passera de l'opposition à une « *indépendance immédiate* », à l'acceptation de celle-ci. Nous venons de voir, plus haut, comment il préconisait déjà un découpage territorial à la suisse ou à la nigériane, reprenant ainsi, à son tour, le découpage que préconisaient les élus du Nord tout au long du débat sur le statut du Cameroun, mais dont ceux-ci ne voulaient plus, l'un des leurs, Ahmadou Ahidjo, se trouvant désormais au pouvoir.

Le 24 octobre 1958, André-Marie Mbida, par le biais de Tsalla Mekongo Germain, président du groupe des Démocrates Camerounais au sein de l'ALCAM, avait finalement préconisé l'adoption, par cette assemblée, d'une résolution fixant la date de l'indépendance au 1er janvier 1959. Malheureusement pour lui, sa proposition avait été combattue par les autres groupes parlementaires à l'exception du « *Groupe des huit* ».

---

[16] - *La Presse du Cameroun*, juin 1958.

Au mois de janvier 1959, il avait quitté le Cameroun et s'était exilé en Guinée. Il y avait rejoint les upécistes qu'il combattait quelque temps auparavant. Au mois de février 1959, il s'était joint à eux lors du débat de l'Assemblée générale de l'ONU, sur l'indépendance du Cameroun. Au cours du débat, il s'était rallié à leurs thèses, notamment, sur la question d'une amnistie générale et inconditionnelle au Cameroun, tout comme sur l'organisation d'une électorale, sous l'égide de l'ONU, avant la proclamation de l'indépendance. Malheureusement, la thèse Franco-Ahidjo de la validité de l'Assemblée élue le 23 décembre 1956 avait triomphé. Le gouvernement français ne désirait plus revivre le cauchemar du Togo où il avait accepté l'organisation d'un scrutin préalable à la levée de la tutelle. A l'issue de celui-ci, Sylvanus Olympio, l'équivalent togolais de Ruben Um Nyobè, avait remporté le scrutin, et était devenu Premier Ministre, à la place de Nicolas Grunitzky. Un scrutin électoral sous l'égide des Nations Unies et avant la levée de la tutelle, il ne faisait nul doute que l'UPC allait le remporter haut la main, et Félix Moumié, bête noire de Paris, allait se retrouver Premier ministre à Yaoundé.

Après la session de l'ONU, André-Marie Mbida était retourné à Conakry, en Guinée. Le 13 août 1959, il avait signé avec Félix Moumié et Ernest Ouandié, un communiqué demandant l'organisation d'une table ronde pour ramener la paix au Cameroun. Cette idée, appuyée par Paul Soppo Priso et les Démocrates Camerounais, c'est-à-dire le parti de Mbida, pouvait se résumer ainsi :

« Pour que le Cameroun retrouve à la fois son unité et la paix, il fallait que tous les courants et les forces politiques en présence conviennent d'un programme politique commun, dont les articulations seraient :
1/-formation d'un gouvernement d'union nationale ;
2/-élaboration d'un projet de constitution pour le Cameroun ;
3/-organisation de nouvelles élections avant la proclamation de l'indépendance ;
4/-s'accorder sur le transfert de la souveraineté de leur pays aux Camerounais. ([17])

Dans le communiqué signé par André-Marie Mbida, Ernest Ouandié et Félix Moumié, il était question :

1/-de l'organisation d'une « *conférence de la table ronde* » le 20 août 1959 ;
2/-de la formation d'un « *gouvernement de salut public* » du Cameroun ;
3/-de la préparation, par ce gouvernement, d'élections devant se dérouler avant la fin de la tutelle ;
4/-d'accepter les bons offices d'Etats africains indépendants dans le but de trouver une solution pacifique, juste et démocratique au problème du Cameroun ;
5/-de demander au gouvernement français de procéder à l'annulation des institutions en place au Cameroun ;

---

[17] - Synthèse réalisée par l'auteur.

6/-de demander au gouvernement français de mettre fin au présent état de guerre au Cameroun ;
7/-d'abroger le décret de dissolution de l'UPC. ([18])

Surpris par cette alliance inattendue avec Félix Moumié qu'il exécrait hier, de nombreuses personnes n'avaient pas manqué de traiter André-Marie Mbida de « *girouette politique* », ce à quoi il avait répondu :

> « ...Si Moumié était réellement un communiste, ne pensez-vous pas que ce serait une bonne chose si moi, catholique pratiquant et anti-communiste notoire, je me rapprochais de lui pour le convertir ou l'empêcher de faire du mal ? Un communiste est incontestablement un pêcheur que vous et moi et tous les catholiques doivent convertir (...) j'étais tenté d'appeler Moumié (et ses compagnons) une génération de vipères. Mais, par charité chrétienne, j'ai résisté à cette tentation... »

Les cérémonies de proclamation de l'indépendance le 1er janvier 1960 s'étaient déroulées alors qu'André-Marie Mbida était toujours en exil en Guinée. Il n'avait été de retour au Cameroun que le 7 mars 1960. Il s'était porté candidat à l'élection législative du 10 avril 1960 et avait été aisément réélu député.

Le 14 avril 1960, soit tout juste trois jours après le scrutin, il avait convoqué une « *table ronde* » :

---

[18] - Synthèse réalisée par l'auteur.

« ...Dans son souci constant de trouver une solution efficace pour le dénouement de la crise camerounaise, M. André-Marie Mbida, ancien Premier ministre, leader du Parti des Démocrates Camerounais, et conformément aux demandes les plus impérieuses et aux vœux les plus ardents de presque toutes les populations camerounaises situées au-dessous de l'Adamaoua, en d'autres termes, les populations du Centre, du Sud, de l'Est et de l'Ouest du Cameroun, propose à tous les députés desdits secteurs géographiques une rencontre fraternelle le 21 avril 1960, au cours de laquelle ces députés traiteront les divers problèmes cruciaux que pose la prochaine rentrée parlementaire fixée au 3ème jeudi qui suit les élections générales, c'est-à-dire le 28 avril 1960. Cette même réunion examinera le moyen efficace de la solution définitive de l'actuelle crise qui déchire notre patrie. Toutes les couches des populations camerounaises sont, en effet, fermement persuadées qu'une entente entre les représentants élus aboutira à la solution de la triste crise qui déchire, actuellement, notre pays, surtout les régions ou départements Bamiléké, Mungo, Wouri et Sanaga-Maritime, ainsi qu'à la disparition totale du régime établi par l'actuel gouvernement... A cet effet, M. André-Marie Mbida a adressé, depuis le 11 avril dernier à chaque élu, soit individuellement, soit au chef de liste, le télégramme suivant qui constitue une sorte d'appel depuis le 11 avril dernier à chaque élu, soit individuellement, soit au chef de liste, le télégramme suivant qui constitue une sorte d'appel à la réunion d'une « *table ronde* » : *Suis heureux vous féliciter fraternellement et très vivement votre brillante victoire élections du 10 avril. Stop. Mes amis démocrates Came-*

rounais et moi-même, souhaitons collaboration ou tout au moins solide coalition avec vous et tous les élus du Sud au sein de l'Assemblée Nationale dans intérêt supérieur notre patrie pour la sauver mauvais régime actuel et la tirer crise. Stop. Vous propose une rencontre entre tous élus Centre, Sud, Est, Ouest, jeudi 21 avril 1960 à Yaoundé. Stop. J'attends impatiemment votre réponse affirmative. Stop. Sentiments cordiaux ». ([19])

Après cela, du 26 au 28 avril 1960, au domicile de M. André-Marie Mbida, 38 députés avaient adopté un « *Programme minimum commun* » :

1/-amnistie générale et inconditionnelle ;
2/- formation d'un gouvernement provisoire de coalition chargé essentiellement d'assurer :
a- départ des administrateurs des colonies français,
b- départ des chefs ou directeurs de services français partout où la relève peut être assurée ;
c- préparer la refonte de la constitution ;
d- dénoncer tous les accords franco-camerounais du 25 décembre 1959 ;
e- résorber le chômage par la création de chantiers de jeunesse.
3- retrait des troupes étrangères suivi du renforcement des effectifs de l'armée camerounaise (*engagement des maquisards dans l'armée régulière*)
4-réunification du Cameroun par la création d'une commission ad hoc à l'Assemblée nationale et la mise en œuvre des moyens pratiques tels que, aide matérielle, création d'une mission permanente au Cameroun britannique.
Signataires :

---

[19] - *La Presse du Cameroun* du 15 avril 1960

Douala Manga Bell, Bebey Eyidi Marcel, Kanga Victor, Ndeffo Sébastien, Kamdem Ninyim Pierre, Soffo Tamafe Eloi, Tagne Abraham, Mopen Noé, Dissaké Hans, Makota Ngallé Daniel, Batonga Marc Max, Kemayou Happi Louis, Wandji Jean, Tenewa Emmanuel, Mayi Patip Théodore, Mbong Bayem Silas, Inack Martin, Bayick Tchoué Aaron, Edangté Edouard, Ngué Elie, Manga Mado Richard, Manga Bilé Blaise, Akono Claude, Zezoa Salomon, Effa Henri, Mballa Mvondo Barnabé, Noah Eugène, Mbida André-Marie, Tchoungui Elie, Atanga Gabriel, Tsala Mekongo Germain, Amougou Nguélé Paul, Puthon Ndékou Grégoire, Lontsi Daniel, Nonga Yomb, Schunmele Paul Louis.

Conclusion internationale du débat Um Nyobè-Mbida :

Déclaration sur l'octroi de l'indépendance aux pays et aux peuples coloniaux Résolution 1514 (XV) de l'Assemblée générale en date du 14 décembre 1960.

« *Le manque de préparation dans les domaines politique, économique ou social ou dans celui de l'enseignement ne doit jamais être pris comme prétexte pour retarder l'indépendance* ».

L'Assemblée générale,

Consciente de ce que les peuples du monde se sont, dans la Charte des Nations Unies, déclarés résolus à proclamer à nouveau leur foi dans les droits fondamentaux de l'homme, dans la dignité et la valeur de la personne humaine, dans l'égalité de droits des hommes et des femmes, ainsi que des nations, grandes et petites, et à favoriser le progrès social et instaurer de meilleures conditions de vie dans une liberté plus grande ;
Consciente de la nécessité de créer des conditions de stabilité et de bien-être et des relations pacifiques et amicales fondées sur le respect des principes de l'égalité de droits et de la libre détermination de tous les peuples, et d'assurer le respect universel et effectif des

droits de l'homme et des libertés fondamentales pour tous sans distinction de race, de sexe, de langue ou de religion ;

Reconnaissant le désir passionné de liberté de tous les peuples dépendants et le rôle décisif de ces peuples dans leur accession à l'indépendance ;

Consciente des conflits croissants qu'entraîne le fait de refuser la liberté à ces peuples ou d'y faire obstacle, qui constituent une grave menace à la paix mondiale ;

Considérant le rôle important de l'Organisation des Nations Unies comme moyen d'aider le mouvement vers l'indépendance dans les territoires sous tutelle et les territoires non autonomes ;

Reconnaissant que les peuples du monde souhaitent ardemment la fin du colonialisme dans toutes ses manifestations ;

Convaincue que le maintien du colonialisme empêche le développement de la coopération économique internationale, entrave le développement social, culturel et économique des peuples dépendants et va à l'encontre de l'idéal de paix universelle des Nations Unies ;

Affirmant que les peuples peuvent, pour leurs propres fins, disposer librement de leurs richesses et ressources naturelles sans préjudice des obligations qui découleraient de la coopération économique internationale, fondée sur le principe de l'avantage mutuel, et du droit international ;

Persuadée que le processus de libération est irrésistible et irréversible et que, pour éviter de graves crises, il faut mettre fin au colonialisme et à toutes les pratiques de ségrégation et de discrimination dont il s'accompagne ;

Se félicitant de ce qu'un grand nombre de territoires dépendants ont accédé à la liberté et à l'indépendance au cours de ces dernières années, et reconnaissant les tendances toujours plus fortes vers la liberté qui se manifestent dans les territoires qui n'ont pas encore accédé à l'indépendance ;

Convaincue que tous les peuples ont un droit inaliénable à la pleine liberté, à l'exercice de leur souveraineté et à l'intégrité de leur territoire national ;

Proclame solennellement la nécessité de mettre rapidement et inconditionnellement fin au colonialisme sous toutes ses formes et dans toutes ses manifestations;

Et, à cette fin,

Déclare ce qui suit :

1. La sujétion des peuples à une subjugation, à une domination et à une exploitation étrangères constitue un déni des droits fondamentaux de l'homme, est contraire à la Charte des Nations Unies et compromet la cause de la paix et de la coopération mondiales.

2. Tous les peuples ont le droit de libre détermination; en vertu de ce droit, ils déterminent librement leur statut politique et poursuivent librement leur développement économique, social et culturel.

3. *Le manque de préparation dans les domaines politique, économique ou social ou dans*

celui de l'enseignement ne doit jamais être pris comme prétexte pour retarder l'indépendance.

4. Il sera mis fin à toute action armée et à toutes mesures de répression, de quelque sorte qu'elles soient, dirigées contre les peuples dépendants, pour permettre à ces peuples d'exercer pacifiquement et librement leur droit à l'indépendance complète, et l'intégrité de leur territoire national sera respectée.

5. Des mesures immédiates seront prises, dans les territoires sous tutelle, les territoires non autonomes et tous autres territoires qui n'ont pas encore accédé à l'indépendance, pour transférer tous pouvoirs aux peuples de ces territoires, sans aucune condition ni réserve, conformément à leur volonté et à leurs vœux librement exprimés, sans aucune distinction de race, de croyance ou de couleur, afin de leur permettre de jouir d'une indépendance et d'une liberté complètes.

6. Toute tentative visant à détruire partiellement ou totalement l'unité nationale et l'intégrité territoriale d'un pays est incompatible avec les buts et les principes de la Charte des Nations Unies.

7. Tous les Etats doivent observer fidèlement et strictement les dispositions de la Charte des Nations Unies, de la Déclaration universelle des droits de l'homme et de la présente Déclaration sur la base de l'égalité, de la non-ingérence dans les affaires intérieures des Etats et du respect des droits souverains et de l'intégrité territoriale de tous les peuples.

ACCORD DE TUTELLE POUR LE TERRITOIRE DU CAMEROUN SOUS ADMINISTRATION FRANÇAISE
Approuvé par l'Assemblée générale des Nations Unies le 13 décembre 1946.
Textes officiels anglais et français.
L'enregistrement d'office par le Secrétariat de l'Organisation des Nations Unies a eu lieu le 1er octobre 1947.

Attendu que le Territoire connu sous le nom de Cameroun, s'étendant à l'est de la ligne fixée dans la Déclaration signée le 10 juillet 1912, a été administré par la France conformément au mandat défini par l'Acte en date du 20 juillet 1923 ;

Attendu que conformément à l'article 9 de cet Acte, cette partie du Cameroun a été depuis lors *"administrée selon la législation de la Puissance mandataire comme partie intégrante de son territoire et sous réserve des dispositions"* prévues par le mandat et qu'il importe dans l'intérêt même des populations du Cameroun de poursuivre l'évolution administrative et politique des territoires en question, en vue de favoriser, conformément à l'Article 764 de la Charte des Nations Unies, le progrès politique, économique et social de ses habitants;

Attendu que la France a manifesté le désir de placer la partie du Cameroun qu'elle administre actuellement sous le Régime de tutelle conformément aux articles 75 et 77;

Attendu que l'Article 85 de ladite Charte stipule que les termes du Régime de tutelle doivent être soumis à l'approbation de l'Assemblée générale, *En conséquence, l'Assemblée générale des Nations Unies approuve* les termes suivants du Régime de tutelle pour ledit Territoire:

Article premier

Le Territoire auquel s'applique le présent Accord de tutelle comprend la partie du Cameroun qui est située à l'est de la ligne fixée par la Déclaration franco-britannique du 10 juillet 1919.

Article 2

Le Gouvernement français s'engage, en tant qu'Autorité chargée de l'administration de ce Territoire aux termes de l'Article 81 de la Charte des Nations Unies, à y exercer les devoirs de tutelle définis par ladite Charte, à y rechercher les fins essentielles du Régime de tutelle énoncées à l'Article 76, et à prêter toute son assistance à l'Assemblée générale et au Conseil de tutelle dans l'exercice de leurs fonctions telles qu'elles sont fixées par les Articles 87 et 88. En conséquence, le Gouvernement français s'engage:

1. A présenter à l'Assemblée générale des Nations Unies le rapport annuel prévu à l'Article 88 de la Charte, fondé sur le questionnaire établi par le Conseil de tutelle conformément audit article, ainsi qu'à joindre à ce rapport les études qui lui seraient éventuellement

demandées par l'Assemblée générale ou le Conseil de tutelle;

A inclure dans ce rapport les informations relatives aux mesures prises en vue de donner effet aux suggestions et recommandations de l'Assemblée générale ou du Conseil de tutelle;

A désigner un représentant et, le cas échéant, les experts qualifiés qui assisteront aux séances du Conseil de tutelle ou de l'Assemblée générale au cours desquelles lesdits rapports et études seront examinés;

2. A désigner un représentant et, le cas échéant, les experts qualifiés pour participer, en consultation avec l'Assemblée générale ou le Conseil de tutelle, à l'examen des pétitions qui seront reçues par ces organes;

3. A faciliter les visites périodiques éventuelles du Territoire sous tutelle auxquelles l'Assemblée générale ou le Conseil de tutelle pourraient faire procéder; à convenir avec ces organes des dates auxquelles ces visites auront lieu, ainsi qu'à s'entendre avec eux sur les questions que poseraient l'organisation et l'accomplissement de ces visites;

4. A faciliter généralement à l'Assemblée générale ou au Conseil de tutelle l'application de ces dispositions et de celles que ces organes seraient amenés à prendre conformément aux termes du présent Accord.

Article 3

L'Autorité chargée de l'administration sera responsable de la paix, du bon ordre et de la bonne administration du Territoire. Elle sera responsable également de la défense dudit Territoire et veillera à ce qu'il apporte sa contribution au maintien de la paix et de la sécurité internationales.

Article 4

A cet effet, et en vue de remplir les obligations découlant de la Charte et du présent Accord, l'Autorité chargée de l'administration:

1. Aura pleins pouvoirs de législation, d'administration et de juridiction sur le Territoire et, sous réserve des dispositions de la Charte et du présent Accord, l'administrera selon la législation française, comme partie intégrante du territoire français;

2. Sera autorisée, en vue d'assurer une meilleure administration, à constituer ce Territoire, après avis conforme de l'assemblée représentative territoriale, en union ou fédération douanière, fiscale ou administrative avec les territoires avoisinants relevant de sa souveraineté ou placés sous son contrôle et à créer des services communs entre ces territoires et le Territoire sous tutelle, à condition que ces mesures aient pour effet de promouvoir le but que se propose le Régime international de tutelle;

1. Pourra établir sur le Territoire des bases militaires, navales ou aériennes, y entretenir des forces nationales et lever des contingents de volontaires;

2. Pourra prendre dans les seules limites imposées par la Charte, toutes mesures d'organisation et de défense propres à assurer: la

participation du Territoire au maintien de la paix et de la sécurité internationales; le respect des engagements relatifs à l'assistance et aux facilités données au Conseil de sécurité, par l'Autorité chargée de l'administration ; le respect de l'ordre intérieur ; la défense du Territoire dans le cadre des accords spéciaux pour le maintien de la paix et de la sécurité internationales.

Article 5
L'Autorité chargée de l'administration prendra les mesures nécessaires en vue d'assurer une participation des populations locales à l'administration du Territoire par le développement d'organes démocratiques représentatifs et de procéder, le moment venu, aux consultations appropriées, en vue de permettre à ces populations de se prononcer librement sur leur régime politique et d'atteindre les fins définies par l'Article 76 b de la Charte.

Article 6
L'Autorité chargée de l'administration s'engage à maintenir l'application au Territoire des accords et conventions internationaux qui y sont actuellement en vigueur, ainsi qu'à y étendre les conventions et recommandations faites par les Nations Unies ou les institutions spécialisées prévues à l'Article 57 de la Charte chaque fois que ces conventions et recommandations seront favorables aux intérêts de la population et compatibles avec les buts que se propose le

Système de tutelle et les termes du présent Accord.

Article 7

L'Autorité chargée de l'administration devra, dans l'établissement des règles relatives à la tenure du sol et au transfert de la propriété foncière, et en vue de favoriser le progrès économique et social des populations autochtones, prendre en considération les lois et les coutumes locales. Aucune propriété foncière appartenant à un autochtone ou à un groupe d'autochtones ne pourra faire l'objet d'un transfert, excepté entre autochtones, sans qu'il y ait eu autorisation préalable de l'autorité publique, qui tiendra compte des intérêts, tant présents que futurs, des autochtones. Aucun droit réel ne pourra être constitué sur un bien foncier appartenant à un autochtone ou à un groupe d'autochtones en faveur d'un non-autochtone, si ce n'est avec la même autorisation.

Article 8

L'Autorité chargée de l'administration prendra, sous réserve des dispositions de l'article suivant, toutes les mesures nécessaires en vue d'assurer à tous les Etats Membres des Nations Unies et à leurs ressortissants l'égalité de traitement en matière sociale, économique, industrielle et commerciale, et à cet effet :

1. Accordera à tous les ressortissants des Membres des Nations Unies la liberté de transit et de navigation, y compris la liberté de transit et de navigation par air, et la

protection de leur personne et de leurs biens, sous réserve des nécessités d'ordre public et du respect de la législation locale;

2. Assurera à tous les ressortissants des Membres des Nations Unies les mêmes droits qu'à ses propres ressortissants en ce qui concerne leur accès et leur établissement dans le Territoire, l'acquisition de propriétés mobilières et immobilières et l'exercice de leur profession et de leur industrie;

3. N'établira, à l'égard des ressortissants des Membres des Nations Unies, aucune discrimination basée sur la nationalité, en ce qui concerne l'octroi de concessions pour le développement des ressources naturelles du Territoire et n'accordera pas de concessions ayant le caractère d'un monopole général;

4. Assurera l'égalité de traitement dans l'administration de la justice à tous les ressortissants des Membres des Nations Unies. Les droits conférés par le présent article aux ressortissants des Etats Membres des Nations Unies, s'étendent également aux sociétés et associations contrôlées par ces ressortissants et organisées suivant la législation de ces Etats. Néanmoins, et en conformité des dispositions de l'Article 76 de la Charte, l'égalité de traitement prévue ne peut avoir pour effet de porter préjudice à la réalisation des fins de tutelle énoncées au même Article 76 de la Charte et notamment en son paragraphe b. Dans le cas où des avantages spéciaux, de quelque nature que ce soit, seraient accordés par une Puissance bénéficiant de l'égalité de

traitement ci-dessus énoncée à une autre Puissance ou à un territoire autonome ou non, les mêmes avantages s'appliqueront automatiquement par réciprocité au Territoire sous tutelle, et à ses habitants, spécialement dans le domaine économique et commercial.

Article 9

Les effets des dispositions prévues à l'article précédent étant toujours limités par l'obligation générale que, conformément, à l'Article 76 de la Charte, l'Autorité chargée de l'administration a de promouvoir le développement politique, économique, social et culturel des habitants du Territoire, d'atteindre les buts que se propose le Système de tutelle et de maintenir l'ordre public et le bon gouvernement, l'Autorité chargée de l'administration aura, en particulier, la faculté, après avis conforme de l'Assemblée représentative territoriale:

1. D'organiser les services et les travaux publics essentiels de la façon et dans les conditions qu'elle estimera justes;

2. De créer des monopoles d'un caractère purement fiscal dans l'intérêt du Territoire et en vue de procurer au Territoire les ressources fiscales paraissant le mieux s'adapter aux besoins locaux.

3. D'organiser ou d'autoriser l'organisation dans des conditions de contrôle public convenables, et en se conformant à l'Article 76 d de la Charte, des offices publics ou des organismes d'économie mixte qui lui paraîtront

de nature à favoriser le progrès économique des habitants du Territoire.

Article 10

L'Autorité chargée de l'administration assurera dans l'étendue du Territoire la pleine liberté de pensée et le libre exercice de tous les cultes et des enseignements religieux qui ne sont contraires ni à l'ordre public, ni aux bonnes mœurs : elle donnera aux missionnaires ressortissants des Etats Membres des Nations Unies la faculté d'entrer et de résider dans le Territoire, d'y acquérir et d'y posséder des propriétés, d'y élever des bâtiments ayant un but religieux, ainsi que d'y ouvrir des écoles et des hôpitaux. Les dispositions du présent article n'affecteront en rien le devoir qui incombe à l'Autorité chargée de l'administration d'exercer le contrôle nécessaire au maintien de l'ordre public et des bonnes mœurs, ainsi qu'au développement de l'éducation chez les habitants du Territoire. L'Autorité chargée de l'administration continuera à développer l'enseignement primaire, l'enseignement secondaire et l'enseignement technique au bénéfice des enfants et des adultes. Elle donnera dans toute la mesure compatible avec l'intérêt de la population la possibilité aux étudiants qualifiés de suivre l'enseignement supérieur général ou professionnel. L'Autorité chargée de l'administration garantira aux habitants du Territoire la liberté de parole, de presse, de réunion et de pétition, sous la seule réserve des nécessités de l'ordre public.

Article 11

Rien dans le présent Accord n'affectera le droit qu'a l'Autorité chargée de l'administration de proposer à tout moment la désignation de tout ou partie du Territoire ainsi placé sous sa tutelle comme zone stratégique, conformément aux Articles 82 et 83 de la Charte.

Article 12

Les termes du présent Accord de tutelle ne pourront être modifiés ou amendés que conformément aux Article 79, 82, 83 et 85, selon le cas, de la Charte.

Article 13

Tout différend, quel qu'il soit, qui viendrait à s'élever entre l'Autorité chargée de l'administration et tout autre Membre des Nations Unies, relatif à l'interprétation ou à l'application des dispositions du présent Accord de tutelle, sera, s'il ne peut être réglé par négociations ou tout autre moyen, soumis à la Cour internationale de Justice, prévue par le Chapitre XIV de la Charte des Nations Unies.

Article 14

'Autorité chargée de l'administration pourra accepter d'entrer, au nom du Territoire, dans toute commission régionale consultative et dans tout organisme technique ou association volontaire d'Etats qui viendraient à être constitués. Elle pourra également collaborer, au nom du Territoire, avec des institutions internationales publiques ou privées ou participer à toute forme de coopération internationale conforme à l'esprit de la Charte.

Article 15
Le présent Accord entrera en vigueur dès qu'il aura reçu l'approbation de l'Assemblée générale des Nations Unies.

Table